JN411218

바람칼의 칸타빌레

바람칼의 칸타빌레

초판 발행일 2019년 10월 25일
사월회 시 동인 엮음

발행인 이성모
발행처 도서출판 동인
주 소 서울시 종로구 혜화로3길 5 118호
등 록 제1-1599호
전 화 (02) 765-7145
팩 스 (02) 765-7165
이메일 dongin60@chol.com
ISBN 978-89-5506-814-6
정 가 9,800원

바람칼의 칸타빌레

Cantabile of Windknife

사월회 시 동인 엮음

도서출판 | 동인

권두언

사월회 동인 시집을 내면서

시인은 "상상의 사실주의자"가 되고
진짜 두꺼비가 있는 상상의 정원을 볼 수 있게
제시될 때 비로소 시가 된다.
—매리언 무어, 시(詩)

본인은 사월회 시인들이 '성숙한 상상력'을 갖고 있음을 확신한다. 일찍이 영국의 시인이며 비평가이신 코울리지(S. T. Coleridge)는 상상력을 설명하면서 시의 정령을 뜻하는 그리스어 "사이키(Psyche)"의 의미와 변화를 나타내는 "나비"로 표현하기도 한다. 이는 미국의 시인 매리언 무어(Marianne Moore)가 "진짜 두꺼비"가 있는 "상상의 정원"으로 비유하는 것과 동일하다.

다시 코울리지는 그의 "문학전기"에서, 시는 천상의 언어다. 시에서 우리가 이끌어내는 '섬세한 기쁨'에서 우리는 이른바 신비의 환희 가운데 한 가지 유형과 만나는 동시에 이를 미리 맛볼 수 있고 또 예견할 수 있다고 했다. 우리는 천상의 언어로 표현된 사월회 시인들의 시집을 통해 이 같은 섬세한 기쁨을 느낄 수 있기를 희망한다.

영문학박사 경희대 명예교수 원응순

차례

달을 빚는 남자 외 9편

김선영

1962년 『현대문학』으로 등단
경희대 · 세종대 · 성신여대대학원 문학박사
세종대학교 교수 역임
청미회 동인

수 상 현대시학작품상 · 한국문학상
시 집 『풀꽃왕관』 · 『달을 배웅하며 작파하다』 · 『쓸쓸한 것들을 향하여』 · 『사모곡』 · 『라일락나무에 사시는 하느님』 · 『밤에 쓴말』 · 『환상의 문지기』 · 『풀꽃제사』 · 『허무의 신발가게』 · 『사가』 등 11권
시선집 『그리움의 식물성』 · 『누구네 이중섭 그림』
수필집 『순결한 예술가의 초상』 · 『사랑은 마주 울리는 메아리입니다』
E-mail pfsonia@hanmail.net

달을 빚는 남자

백자 빚던 남자
영원으로 길 떠나서
한 백년 후 흙으로 부서졌네

죽어서도
생전에 빚던
둥근 달을 꿈꾸고 있었네

환한 꿈 위에 풀꽃이 피고
벌레가 울고
어느 날
한 소년이 닿아왔네

분홍 흙이 된
백자 빚던 남자의 가슴을
곱게 반죽한 뒤
달을 하나
토해 놓았네

소년은 끌리듯
귀에 대고 들었네

곱게 내쉬는 달의 숨소리를
백자 살에서
아득하게 뛰는
한 남자의
심장 뛰는 소리를

분칠한 언어 지우고

분칠한 언어들
맑은 가을하늘에 헹구리
오늘 내 언어 내 진실 분 지우고
생 얼굴 보여 주리

가을 물에 씻은
생 달빛
백지에 엎질러지네
달의 고운 생 얼굴
웃음처럼 밝네

도시의 하이힐 소리 감추리
고무신도 벗고 맨발로 달을 맞으리

나는 다시 달과 함께
아득한 지평선에 내려
떠나는 달을 안고
춤을 추네

달나라 영토를
전부 밟으며

너울너울 춤을 추네
강강수월래
강강수월래

달을 배웅하며

우리 집 왔다가
돌아가는 달
섭섭해 배웅하며
대문밖에 서네
언덕에 서네

저어리 가는 달에
크게 말 했네
서녘에서 올 때도
기다린다고

달이 제 마음을
달빛만큼 펴주고 갔네

보내지 못한 시간들이

깡마른 나무에
봄은
파란 싹을 우루루 쏟아 놓는다
연한 싹이 가슴 비집으며 나온다
살을 밀며 뼈를 젖히며 돋아난다

삐개진 봄 저편에는
아직 채 못 떠난 계절이 서성대고 있다
눈이 휘날리고 벌판이 얼어있다
아직도 보내지 못한 차가운 시간들이
바람을 몰고 벌판을 흔들고 있다

벌판의 끝
기억의 변방 끝자리에
아직 떠나지 못한 너와
아직 보내지 못한 내가
혼이 빠진 채 마주 서있다

내 님을 묻어 두고

내 님을 묻어 두고
돌아내리는 녘
꽃 뿌리로 묻고
내려오는 녘

꽃들은 죽을 듯 타오르더라
산 너머 해지듯 타오르더라
이마에 피 묻히며 타오르더라

몇 걸음 가면은 저승인데
문고리 흔들며 타오르더라
저승바다처럼 타오르더라
머리칼 지지며 타오르더라

아, 님은
홀로 산에 계시고

물

그분은 살에서 구슬 몇 알 남기신 채
한 오리 연기로 산에 오르시고
풀고 가신 대님은 흘러 내려
가을에 닿았다

젊던 여름의 물도
머리 허옇게 세어
조용히 생각에 잠겨 흐르노니

오랜만에 물로 돌아온 내 사랑이여
내가 너를 찾기까지 너 나를 찾아
얼마나 세상을 굽이굽이 돌았던고

이승의 네 물소리는 부풀어
내 발목을 잡고 놓지 않으나
너를 묶어둘 수 없어 또 이별하노니

잘 가거라
잘 가거라
내 생애를 짜서
내 그리움을 짜서

영혼의 기름 한 방울로
빗물 되어 빗물 되어
흐르는 내 가슴에
볼에, 어깨에
떨어지기까지

어머니

산을 보고서시면
고요한 산 얼굴

구름 되어 가시는
걸음걸이

엉기인 바위틈을
빠져나온 여울같이 그분은
잔잔히 앞만 보고 가신다

한산 생모시의 하얀 적삼을
뜰에 벗어 두시면
나무그늘 지나듯
세월이 내려와
거두어 입고 가리라

산은 새를 조롱鳥籠에 가두지 않네

산은
날으는 새를
조롱에 가두질 않네

새들은
마을에 내려왔다 산으로
올라가네

나도 앞으론
산으로 갈 일밖에
남지 않았네

산에서
잠시 날아온
산새이니

오 오 생명아

꽃이 열매 한 알
낳았어요

별씨만한 존재
세상으로 쏘옥
얼굴 내밀었죠

아득한 옛날
내가 우주의 마지막 별씨였을 때

하늘
땅
어머니 허락 받고서
우주의 자궁에서 탈출해 나와

세상 속으로 전신을 내어 던지며
해일처럼 크게
울던 때처럼

초승달의 윙크

초승달이
살짝
눈 하나 감고
윙크하네요

잘 도착했다고
그대
거기 눌러
잘 산다는 소식

그리움이
먼데서
인사하네요

이제야 첫 인사
눈 하나
살짝 감고
외눈으로 만
인사하네요

아직은 행복하다 외 9편

김종희

충북 청주 출생
연세대학 영문과 졸업
월간 『시문학』으로 등단
한국현대시인협회 지도위원
국제펜한국본부 자문위원
마포문인협회(회장 역임) 고문
한국시문학문인회 지도위원
한국기독시인협회 자문위원
한국크리스천문학가 협회 부회장

수 상 시문학상 · 크리스천문학상
시 집 『이 세상 끝 날까지』 · 『물속의 돌』 · 『시간 밖으로』
『S부인은 넘어지다』 · 『나는 너무 멀리 있다』
『빛과 어둠』 등
영시집 *Adam is Sad*
E-mail gongpoem@hanmail.net

아직은 행복하다

진실로
우리를 살아있게 하는 것은
정치나 경제나 예술이나 노동이 아니라
해와 달과 별과 바람이다
언제나 해가 동쪽에서 뜨리라
믿고 있는 우리들
그 믿음을 한 번도 배반당해 본 적이
없는 우리들
아직은 행복하다

생명

햇볕이 환한 봄날 금빛 잔디밭에
엎드려 졸고 있는 갈색고양이 등허리에서
앞발을 내밀며 나온 흰 고양이
뒤이어 따라 나온 검은 고양이
둘이서 눈에 불을 켜고 겨루더니
감쪽같이 사라졌다
다시 흰 고양이가 보이고
뒤이어 검은 고양이가 보였다
또 흰 고양이 뒤이어 검은 고양이
또 흰 고양이 검은 고양이
둘이 엉겨 붙어 엎치락뒤치락
나타났다 사라졌다 들어갔다 나왔다
끊임없이 소란피우며 격투를 벌이는데
모로 누워있는 갈색 고양이
네 발 쭉 펴고 깊은 잠에 빠졌다

생명나무

어둠 속에서
한 거대한 나무를 보았다
어찌나 큰지 처음에는 나무인 줄 몰랐다
작은 나무들이 앞을 가로막아
그 몸 전체가 보이지 않았다
나는 나무와 나무 사이를 비집고 들어가
바위 같은 나무에 바짝 붙어 서서
머리를 뒤로 재끼고 올려다보니
나무는 하늘을 찌르고 하늘 속으로 들어갔다
구불구불 곧게 올라간 모양은
땅속 기운이 하늘로 솟구치고 있는 듯
머리 숙여 나무 밑을 살피니
하늘 기운이 거대한 뿌리로 뻗어내려
땅 속 깊이 스며들고 있는 듯
끊임없이 오르고 내리는 그 기운에
개미만한 내 몸은
살려는 힘으로 요동을 쳤다

그냥 풀처럼

요즈음 매일 오후 두 시가 되면 나는
홍은동에 있는 작은 산을 오른다
세상이 필요로 하는 일은 잠시 접어두고
내 몸이 원하는 일만 할 뿐이다
먹는 일 잠자는 일 노는 일도 있지만
숲속으로 들어가 산소를 마시게 하고
몸을 햇볕에 내놓아 볕을 쪼여주고
눈에는 푸른 하늘 파란 나무를 보여 준다
몸이 가장 소중히 여기는 것은
오직 생명뿐이니
그 원을 들어주려고 나는 혼자
이 적막한 산을 오르내린다
그냥 풀이 바람에 나부끼듯이

울며 흐르는 강

저물 녘 강가로 나아가
울며 흐르는 강을 보았다
강가에 앉아
가만히 강안을 들여다보니
하늘하늘 초록 옷을 걸친 수많은 여체女體들이
미끈한 두 다리를 강물 속에 박고 서서
인어처럼 허리를 좌우로 휘면서
희고 긴 둥근 두 팔을 머리 위로 흔들며
쉴 사이 없이 물살을 만들고 있다
그 물살을 따라
수초처럼 길게 풀어헤친 머리카락들
흐느적일 때마다
강은 울음소리를 냈다

한참을 있다가
가만히 내 안의 강을 들여다보니
친구를 잃은 슬픔이 수초처럼 자라
서럽게 울고 있다

사슴과 호수

사슴이 호숫가에 와서 호수를 들여다봅니다
잔잔한 호수 속에는 하늘이 가득 합니다
그 하늘 위로 흰 구름이 떠다닙니다

호수가 사슴을 봅니다
사슴의 눈동자에는 홀로 서있는 사슴과
떠다니는 흰 구름과
푸른 하늘 가득인 호수가 있습니다

사슴이 호수를 다시 들여다봅니다
호수는 온통 사슴으로 가득입니다
사슴으로 가득인 푸른 하늘에
사슴을 가득 실은 흰 구름 떠다닙니다

호수가 사슴을 다시 봅니다
사슴의 눈동자에는 사슴으로 가득인 호수와
사슴을 가득 싣고 떠다니는 흰 구름과
사슴으로 가득인 푸른 하늘이 있습니다

그러나 한없이 고요 합니다
호수도 그러 합니다

내 안에 돌

어둡고 깊은 내 안에
숨어서 반짝이는 돌 하나 있지

그것은
내가 나 이외의 다른 어떤 것에
가 닿지 않게
오직 내 길을 열고
나를 내게로 인도하지

또한 그것은
내가 넘어지지 않게
내가 잘 달릴 수 있게
내 길을 곧게 하고
내 눈을 밝게 하지

그러나 그것은 홀로
어둡고 깊은 동굴 속으로 들어가
가만히 들여다보아야만 보이는 돌
시간이 손대지 못하는 보석
세상에 단 하나뿐인 나의 별이지

새벽종소리

그것은 맹목의 사랑이다
밧줄에 매달려 새벽을 기다리며
외로움을 견디며
밤낮으로 맞기를 갈망하는 벌거벗은 몸

찬바람이 휘도는 어둠 속에서
맞으면 맞을수록 더욱 크게 울리는
피멍든 소리

그것은 온갖 미물들을 잠에서 깨우고
마비된 양심의 눈을 뜨게 한다

아, 찢기고 바스러지는 아픔 속에서
살아나는 혼이여
칼바람 돌개바람 무섭게 불어오면
그 깨끗한 혼의 소리 사랑의 종소리
사방팔방으로 수만리까지 메아리친다

칼

매일 칼을 갈았다
시간을 베어내어 마음대로 쓰고자
하루 종일 앉아서 칼을 갈았다
그러나
시간을 베어내지 못하는 칼은
벽에서 벽으로 곤두박질치는 나를 찌를 뿐
나를 찌르고 무뎌질 뿐
무뎌진 칼은 날을 벼릴 때마다
조금씩 닳아서 없어질 뿐

우리는 우주를 여행하는 영혼들

끝없이 멀고 먼 우주의 하늘을 떠나
눈 폭풍 몰아치는 얼음나라 지나서
불길 치솟는 험준한 산맥을 넘어
구름이 해의 얼굴을 쓸고 지나가는 여기
동산에서 나, 빛의 옷 입고 서서 기다리니
한 번도 본적 없는 당신
한 번도 들은 적 없는 이름의 깨끗한 당신
속히 오셔요, 와서 말 해줘요
어둠이 빛의 옷 삼켜버리기 전에
내 옷이 얼마나 빛나는지를

우리는 별에서 별로 우주를 여행하는 영혼들
한 생에서 다음 생으로 이어지는 말
별에서 별로 가져가야할 말을 말해줘요

그리고 내가 말하게 해줘요
아직 그것이 무엇인지 알지 못해 하지 못한 말
아직 그것이 무엇인지 느끼지 못해
내 안에 갇혀있는 말을
태양빛도 비추지 않는 어두운 저 편
별들 사이의 차가운 공간을 휘젓고 다니는

얼음덩이들처럼
눈먼 별이 되어 끝 모를 공전을 하지 않도록
내가 말하게 해줘요

천년 사랑 외 9편

맹숙영

성균관대학교 영어영문학과 졸업
한세대학교대학원 졸업 문학석사
중·고 영어교사 역임
『한국창조문학』 등단
『양천문학』 자문위원
『한국크리스천문학』·『세계시문학』·좋은시공연문학회 부회장·한국기독시인협회 이사·공간시낭독회 상임시인·한국문인협회·국제PEN한국본부 현대시인협회·시문학아카데미·푸른초장문학회 회원

수 상 한국창조문학 대상·양천문학상·한국기독시인협회 문학상

시 집 『사랑이 흐르는 빛』·『꿈꾸는 날개』·『바람 속의 하얀 그리움(韓英대역)』·『불꽃 축제』·『아직 끝나지 않은 축제』·『아름다운 비밀』

E-mail msypoet@hanmail.net

천년 사랑

즈믄 해의
달빛
끌어내려
정화수井華水
앞에 놓고
오지항아리에
차곡차곡
눌러 담은 후

떨리는 손끝
들숨 날숨
한지로 봉인封印한 후
숨죽이며
사랑효소로
잦아지고
익을 때까지
천년인들
어찌
못 기다리리

詩를 위한 주문呪文

씨앗이
부풀어 오르는 시간
詩꽃 피우기 위해
주문呪文을
불러오는 밤이다

봄바람의 변주가 심상찮다
까만 밤 낮달의
투명한 빛을 부르는
호객행위는 바람의 변주에
부스러지는 진통을 겪는다

흩으러진
모음과 자음 주워 모아
별빛 조각 부스러진
황금가루에
조심스레 둥굴려 본다

달리다굼 일어나라

꽃이 지는 밤이라도
바람은 꽃향기 실어오네
에오스•의 슬퍼하며 흘린 눈물이
새벽이슬로 젖네
어여쁜 여인이여
고통은 털어내고 눈물은 닦아요
귀를 열어 권능의 음성을 들어요
달리다굼•• 일어나라

• 에오스: 새벽의 여신
•• 달리다굼: '소녀여 일어나라'는 뜻. 죽은 소녀가 다시 살아났다는 이야기

사각四角의 QR코드

시공간이 혼합 태그 되고 조명등 켜지면
서재 안은 물속처럼 깊어진다
서책이 벽을 이룬 서가 사이사이에
미라(mirra)된 시간들 미로를 헤집고
좀비(zombie)•처럼 절뚝이며 걸어 나온다
지식의 보고 이 공간
어디 비상구 있었던가?
몇 세기 간의 집합소일까
데이터베이스에서 거대한
인식의 물줄기 줄줄 흘러내린다
형이상학의 꽃눈이 벙글고
낭만주의가 아련한 꿈속을 헤맨다
두레박 물 퍼올리는 소리는 몇 백 년 전일까
젊은 날의 꿈이 나래달고 발버둥 쳤던 안간힘
빛바랜 영상 빈 허물로
수면에 떠오르는가 하더니
산산이 부서져 현란한 춤으로 날아가 버린다
다시 오는 새벽을 인식함인지 원점으로의 회기
내 서재 안 사각의 QR코드 속으로
다시 제자리 찾아 가는 시각이다

• 좀비(zombie): 살아 있는 시체

시제時制의 와중渦中에서

우리 젊은 날의 이데아는
어느 시간의 초침에서
화석이 되어 머물렀을까
장닭의 홰치는 소리
그 회로의 숫자는 기억 속에
얼마나 감지되어 있을까
검푸른 지중해의 끝자락에서
한 올의 햇살 끌어당기던
그 미세한 불가항력적 힘의 논리를
친구여 기억하는가
가을 깊은 날 캠퍼스 은행나무 아래
황금색으로 물든 꿈 빛 낙엽을 주우며
낭송하던 윌리엄 셰익스피어 소네트를
혀끝에 감기던 감미로운
19세기 영국 낭만주의 시를
그 기억의 되새김 멈추지 않았겠지
함께 즐거워했던 그 때를
오늘은 피드백 풀어보고 되감는다
삭제의 클릭으로 현재 시제는
다시 과거 시제로 묻혀버리고
커서는 미래 시제를 향해

화살을 당긴다

슬픈 날의 별 하나 어디로

그날 밤 후쿠오카의
시리고 쓸쓸한 침묵은
참혹하게 숨이 멎었다
흙빛 하늘에선
별들의 눈물이 쏟아져
꽃잎과 나뭇잎들에 이슬로 맺히고
바람은 중심을 잃고 허우적거렸다
아 2월의 감방 안에선
무슨 일이 일어났던가
죽어가는 모든 것도 사랑하던
한 점도 부끄럼 없는 순수의 별 하나
지상에서 사라지는데
오늘 백년이 되어도
어제 천개의 바람이 불어도
잠들지 못하는 암울한 시대의 넋은
영원히 가슴 가슴에
고운 시혼으로 남아
오늘을 사는 시인의 영혼에
애절하게 바람으로 스치운다

종소리

자각의 날 선 끝이 폐부를 찌른다
황막한 어둠의 청동 못에서
응집된 자존의 상실감은 용해되어
석류수로 흘러 내려 물이 되어 흐를까
흐르다 맑디맑은 청정 계곡에 이르러
서른세 번 재계하면
옷깃의 먼지는 바람 되어 날아갈까
푸르디푸른 함성으로
산 숲 바람벽에서 숨을 고르고
욕심이 웅크리고 있는 거리를 건너뛴다
어디로 갈까 머물 곳 찾지 못하고
늦가을 맑은 햇빛 아래 맴도는 고추잠자리
한 쪽 날개 끝 어디에 상처입고
실핏줄 터진 모세혈관
은사 실로 짜여진 곱디 고운 날개
지문처럼 남아있는 상흔은
외치는 소리 빈 껍질 허물로만 남겨 놓고
어디 모를 곳으로 바람으로 날아갔나
다시는 되돌아올 리 없는 흐름이라도
명경지수로 흐르고 또 흐르리

물음표 소고小考

진한 잉크색 바닷물 쿡 찍어
획을 내려 긋다 잃어버린 길
막힌 길에서 손에 잡은 붓대
방향키를 돌려본다
너무 직선으로만 내달렸나
물음표 낚아 올리자
바람이 일어나
휑하니 채우지 못한
빈 가슴에 머문다
바람의 끝을 잡아본다
막힌 담이 무너지고
수많은 별들의 세계에 묻혔다
언제 은하계로 들어 왔을까
은빛갈대 바람에 부대끼면서
내 앞으로 쏠려온다
갈대밭 미로 속 헤집고 나와
손에 쥔 것을 보니
물음표는 어디 가고
은발의 갈대 한 잎 뿐

백년, 그 존재와 소멸의 고독

살아있는 것에의 경외감으로
생명을 존귀히 여겼네
인류를 품에 안고 가던 날들은
이제 백년의 고독한 사랑이 되어버렸네
갈까마귀 거부할 수 없는 몸짓으로
바람의 손짓 따라가네
검은 날개 붓으로 푸른 하늘 까맣게
덧칠하며 날아가네
지난날의 의지를 잃어버린
언덕 위 억새풀 풀어진 시선
하얗게 흩으러 진 갈기 끝으로
바람을 날리며 뒤돌아 보네
다시 못 올 그날을 그리워하네
성에 낀 시야 너머로 아름다운 세상
바라보네 낯설게 멀리 바라보네

사랑이 흐르는 빛

당신의 웃음소리 폭죽 터지듯
하늘 길 가르며 별빛처럼 올라가네

그 소리 부채처럼 펼쳐져
햇살 가루되어 눈부시게 쏟아지면

쏟아져 내리는 햇살 물살 되어
내 뼛骨길 사이사이로 밀물처럼 들어와
그 물살 봄비 되어 내 영혼까지 적시네

반백년 마디마디 각인된 나이테
세월이 앉았다 간 자국으로
이제는 희미해졌지만

아직도 나는 그 빛 아래
당신의 그림자 안에서
날마다 눈이 부십니다

나무와 숲 외 9편

신영옥

아호 혜산(惠山)
다년간 교육계 근무, 시인 · 가곡 작사가로 활동
한국문인협회 · 국제pen한국본부 · 한국여성문학인회 · 한국크리스천문학인 · 한국아동문학연구회 · 한국음악 문학저작권협회 · 세계시인협회 · 한국현대시인협회 회원

수 상 국민훈장동백장서훈 · 한국민족문학협회장상 · 한국가곡예술인상 · 영랑문학상 · 허난설헌 문학상 · 한국아동문학상 등

시 집 『오늘도 나를 부르는 소리』 · 『흙내음 그 흔적이』 『스스로 깊어지는 강』 · 『산 빛에 물들다(대영시집)』 『시는 노래가 되어』 등 다수

가곡 작사 〈기다리는 마음(김동환 곡)〉 외 80여곡 · 공동 CD 50여곡 제작 · 신영옥 작사가곡선집 1 · 2 youtube 등재

E-mail yoshin39@hanmail.net

나무와 숲

옹골찬 씨앗 하나
빛과 바람과 흙이 시간을 몰아주면
나무가 된다

나무 한 그루
아침이면 해맞이 길
저녁이면 달맞이
별 총총 하늘을 품고 사니 장하고 신선하다
천만년 호흡으로 큰 숲이 된다

사람이 거친 손을 대면
큰 숲도 한순간에 무너져 내리기도 하지만
사람 생각이 옹골찬 씨앗이면
수천 년 이어져
사람 살리는 큰 손이 되고
사람 살아가는 뿌리가 된다
스마트 폰 하나로 살아가는 세상이 와도
흔들리지 않는 나무가 된다

담쟁이의 봄 1

저 혼자 설 수 있는 나무도 아닌 것이
저 혼자 피고 지는 꽃도 아닌 것이

나무도 오르고
돌담도 기어올라
나무도 벗을 삼고
바위도 벗을 삼네

나는 언제 누구의 가녀린 손
꽉 잡아 이끌어 준 일 있는가!

나무도 아닌 것이 꽃도 아닌 것이
꽃보다 아름다운 손길로 이끄네

어머니의 앞치마

어머니.
가만히 불러만 봐도 가슴이 설렙니다.
우리 칠남매 기쁨으로 기르시고
이웃까지 감싸 안던 넓고 고운 치맛자락
항상 피어나던 밥상머리 웃음꽃은
바르거라, 잘 되거라.
예의범절로 길들여지고

당신은 언제나
'됐다. 괜찮다.' 하시며
사계절 자녀들만 꽃밭으로 돌보시던 어머니

거칠어지던 손길 아픈 허리
'세상 어미들은 다 그렇단다.
들려주시던 말씀들

날이 갈수록 커져가는 어머니의 빈자리가
그립고 아쉬워
오늘은 어머니 넓은 치맛자락 휘감고
내 품에 꼭 안아드리고 싶습니다.

내 안에 늘 살아계신 어머니
영원한 낙원 그 나라에서
영광을 받으소서. 평안을 누리소서

낯선 축제
(여행 스케치 1)

출발은 언제나 설레임이다
밟는 것 밟히는 것 모두가 신비로움이다.

어느 곳을 가던지
의식주를 채워 주는 첨단 산업의 풍요와
찬란한 문화 속 아름답고 웅장한 도시
기기묘묘한 산천 풍경만 있는 것은 아니다

광활한 사막에 습기 잃은 바람과
굶주림에 시달리는 가난한 살림살이가
눈시울 적시는 지구촌 공간 사이
땀 흘려 가꿔가는 푸른 삶의 흔적
나를 부르는 손짓이 뜨겁다

그 안에 나를 내려놓고
함께 어울려 보는 시공時空들
시장市場은 어디서나 자유를 앓는 바람소리
그들의 애환이 숨 쉬는 문화예술의 보물창고
역사의 흐름이다

태초 이래 예술의 극치는 대자연이라고
빛깔별로 일어서는 여정 속에
찾아가는 낯선 축제
찬란한 불꽃이 길을 열고 타 오른다

사막 통신 4
-Petra* 가는 길-

요르단의 페트라
모세**가 광야를 지나
가나안으로 갈 때에도 이 길을 지났을까

덥고 메마른 붉은 사막위에
우뚝우뚝 솟아난 웅장한 바위와
붉은 건축물의 오묘함
구멍 뚫린 바위마다 숨겨진 매력에
눈만 빠끔히 내놓은 옷차림으로 햇살을 걷는다

붉은 바위 높은 벼랑을 더듬는 순간
군데군데 꽂아 놓은 듯 뿌리내린
초록빛 나무가 살아있음이 신기한 이 광야

800여개 사암 계단은 사막의 주인
베두인의 선택인가
신이 정해 준 요르단의 터전이었나

누가 험하고 메마른 이 붉은 땅 위에
인간 문화의 꽃을 피우라 틈새를 주었는가
가는 곳마다 특정 지어진
위대한 섭리 앞에
침묵을 넘어서는 지구의 절절한 아름다움
황홀한 바람만이 파고드는 붉은 도시 Petra

장밋빛보다 붉은 땅에 엎디어
지구 보물 감사에 뜨거움을 전한다.

• Petra: 요르단의 붉은 도시, 세계 신 7대 불가사의 중 한 곳
•• 구약성경 출애굽기 참고

보랏빛 정취에 이끌리다

무궁화 비비추 맥문동 도라지
보라 꽃이 꿈을 꾸는 한 여름 밤

라벤더 향기가 나를 부르는 건
연보랏빛 꽃 너울에
보라 빛 드레스를 입은 소녀의 미소
들녘 가득 피어나던 라벤더 꽃이었습니다

파리의 향취였나 보랏빛 정열이었나
남프랑스 들녘 여기저기서
라벤더 오일과 향수가 전해주는 매력에
동행자가 건네주던
자수정 꽃목걸이 연보라 빛 스카프 받아들고
기쁨이 넘치던 그 여행길은
마르지 않는 보라색 수채화입니다

유년의 어느 추석
어머니가 지어주신 추석빔은
하늘거리는 보랏빛 유똥 치마에 색동저고리
그때부터 보라색은
내 마음을 사로잡았나 봅니다

오늘은 불타는 저녁 강
투명해지는 그림 속으로 환하게 스며드는
노을을 받쳐 들고
그날의 목걸이 스카프 휘날리며
보랏빛 환희
가을을 걷습니다

참 사랑 그 빛으로

리버 사이드[*] 국제 평화예술광장에
도산 안창호의 나라사랑 겨레사랑
간디의 민족사랑
킹 목사의 인류 평등 사랑을
세계인의 귀감으로 선택하여
동상으로 우뚝 세워 놓았으니
여기가 바로
도산 안창호 선생이
한인에게 오렌지 따는 법을 가르쳐 주던
흘러간 역사의 현장입니다

국가와 민족을 위하여
임들이 목숨 걸고 나선 길은
같은 뜻 같은 길이었으니
고통과 핍박을 이겨낸
눈물겨운 참 사랑 빛이었습니다

핍박의 그 때 그 가시 꽃도
아픈 역사의 흐름이었다면
이제는
참 사랑 그 빛을 받아

평화를 밝혀주는 정의가
천만년
온 세상 땅 끝까지
참 사랑 빛으로 비춰져야 할 때입니다
모든 인류에게
신의 축복이 함께 하기를
하늘을 우러러 두 손을 모읍니다

• 미국 캘리포니아 주에 있는 도시 이름

다 초점 렌즈의 비밀

다 초점 렌즈 안경을 끼었다
앞이 탁 트이게 넓고 밝게 빛난다
먼지 알갱이까지 나타나는 황홀한 렌즈
앞이 어질어질
육안이 더 정다운 건가

황홀한 태양의 광채가
촘촘히 엮어가는 틈새로
스위치만 누르면 아픈 곳을 찾아내고
누르고 당기며 마사지를 해 주는 의술도
다 초점 렌즈가 바라보는 숨구멍이다

숨겨놓은 비밀을 찾아내고
대화를 나누고 심부름을 하는 인공기능
산업사회 역군이 된지 이미 오래인 로봇이지만
인터넷은 어디까지 파고들어 심장을 이어가고
어디까지 가야 그 발길을 멈출 건가

억겁을 거슬러 창조시대에 초점을 들여대고
그리스 로마 신화를 재구성하며
우주 정거장을 드나드는 과학문명

신비스런 기대만큼 동행하는 두려움 속

억겁을 지켜온 발자국들이
꽃피고 지며 새들의 지저귐을 들으며
다 초점 렌즈를 끼고 질주하는 두뇌회전
너에게 고한다.
'아름다운 대자연을 함부로 파헤치지 말라.
오순도순 정감을 나누며
인간답게 살아가게 해 달라.'

가을사랑

추수 끝난 들녘은
가을 사랑
빈 듯 가득 찬 넉넉한 가슴이다

한 알 심은 씨앗을
수 백 배로 늘려 준 사랑과 열정은
생명의 보금자리
정성껏 가꾸어 온 감사의 터전이다

높푸른 가을 하늘 눈이 부시게
눈이 부시게 흘러가는 저 구름 바라보며
비바람 눈보라는 언제나 흘러가는 것이라
밤하늘 별들과 주고받는 이야기 속
가을은
깊은 호흡 다져가는 미래의 약속이다

그 너른 가을 품에 내가 안겨 흐른다
불타는 가을 강 단풍 속으로
오색 빛 찬란하게 사랑 싣고 흐른다

중간점검

마음 비우고 살아야
속 편히 살 수 있다
하늘나라와 잇대어 있기나 한 것처럼
한강 언덕에 속내를 털어보는 날
마음은 바람보다 쉽게 흐르지 않는다.
양화진 외국인 선교사 묘원에서
들려오는 소리

내려가고 또 내려가
제일 밑바닥부터 올라와야 사랑이 된다는 것을
모르면서 아는 척
알면서도 모르는 척 하는 사이
나는 어디쯤 가고 있는 걸까?
혼신을 다해 질주하는
바람에게 물어 본다

내 자리는 여기쯤이라고
반은 그림자 반은 빛인 반달 위
동그랗게 그려보는 공간은
자꾸 모가 나고
비뚤어지는 것은 내 중간점검 결과인가

아니면 참 모습인가
다시 빛과 그림자를 그리며
동그란 공간이 되라 보름달을 그린다

프리즘 외 9편

원응순(元應淳)

연세대 영문과 및 동대학원 졸업
성균관대학원 영문학 박사 · 예일대학 교환교수 ·
경희대 영문과 교수 · 명예교수(현재)
김종문 시인 추천으로 『새시대문학』 등단(1972)
국제Pen문학 한국본부회원
한국크리스천 문학가협회 회장 및 편집 주간 역임
한국기독교 시문학회 고문
월간 『조선문학』 편집위원 · 세계시문학회 명예회장 ·
한국현대시문학회 이사

수 상 한국민족문학 번역문학대상 · 한국크리스천 문학 번역상 · 한국기독교 시문학 번역문학상 · 한국기독교문화선교 시부문 대상

저 서 4인 시집(관동출판사, 72년) · 17세기 영시해설 및 현대 영미시 역주 · 소돔과 마돈나(S. B. 바베이지) 역주 등 다수 · 영역시집 33권 등

E-mail woneungsoon@hanmail.net

프리즘

찬란한 빛살 속을
나르는 새들의 방황 속을
언제나 눈으로 쫓는
굴절의 아픔이 색으로 뿜어
둔갑遁甲하는 언어들,
흩어지는 새들의 울음소리,
쌓이는 새들의 죽지들.

도도히
역류하는 강물 속을
도시의 깊은 환상 속을
어림하는 자세로 간다.

시원始原에서 출발한
꿈의 층계를 밟고
사념思念을 투시하는 선율,
그 너머로
나의 숨결은
분광기分光器의 눈금 같은
높이로 간다.

한 번도
이르지 못한 가장 자리
안으로 휘어져
새들의 모습은 허상을 그리며
죽지는 파르르
바람 속으로
어둠 속으로
흩어지는 새들의 울음소리,
쌓이는 새들의 죽지들.

끝내
내일은 바램으로

어제의 하늘은 구름에 묻고
오늘의 대지를 아픔하는
기억의 날개로 간다,

말 없는 질서 속을
정적靜寂의 의식 속을.

바보 같은 오늘은

오늘은 바보 같은
속없는 씨알처럼
말없는 벙어리처럼
어두운 질서에 숨어
보이지 않는

오늘은 바보 같은
떫은 과일처럼
고속버스에 얹혀
내일을 내다보며
영원의 파편을 모아보는
모든 것을 갖고 있으면서
모든 것을 버리는

오늘은 바보 같은
권태의 껍질을 깨면
혼돈의 속살이 비치는 거울 같은
신을 상실한 영토.

오늘은 바보 같은
속없는 씨알처럼

말없는 벙어리처럼
어두운 질서에 숨어
보이지 않는

오늘은 바보 같은
후회의 무게로 쌓이는
흩어지는 지폐의 위세로

생활을 할인하는 모순 속에
모든 것을 갖고 있으면서
모든 것을 버리는
오늘은 바보 같은 세상

봄 짐승

섬뜩한 그대 모습
하얀 눈 속의 나뭇가지
어두운 터널 속 지하철,

닫힌 창문 속
하늘거리는 하얀 손과 발
수술대위에 마취된 환자.

차가운 미소 속에
외지에서 방황하는 외판원
친구 잃은 철새의 울음소리.

백지수표를
환대하는 지하카페
수의로 포장된 융단 같은,

어둠을 쪼는
갈 까마귀의 습성
흩어지는 시체들,

꽃샘으로 유혹하는
불타는 봄 짐승
죽음으로 다가오는
노크소리, 노크소리.

하얀 물고기의 노래

하얀 지느러미
힘겹게 균형을 유지하며
파도 속을 거스르며 헤엄친다,
물속은 차고 어둡지만
한 줄기 햇살이 스며들어
파랗게 피어나는 파란 잎새들
파랗게 익어가는 파란 열매들,
그 중심을 가르며 지나가는
한 떼의 사나운 무리들,
흩어지는 잎새들,
흩어지는 파란 방울들.

그 위로
조우하는 물새들
햇살을 털고 잎새들을 쪼면서
이상한 미소를 던진다,
꼬리를 흔들지만 짓누르는 중량으로 인해
눈은 잘 보이지 않아 희미한 회색하늘,
그 사이로 검은 비를 몰고 오는
검붉은 파도가 벼랑을 향한다.

이제
대양의 한 복판
하얀 물고기 한 마리,
하늘을 향하는 하얀 입 하나,
뭍을 그리는 하얀 손 하나
마침내 둥근
원 하나 그린다.

핏방울 뿌리는 하얀 새

어느 날
하늘로부터
이 황무지의 어둠을 향해
12층계의 소리를 타고
하얀 새 한 마리,
소리방울, 방울방울
핏방울, 방울방울
고통을 뿌리면서 하강한다.

가냘픈 나래 짓으로
광야를 날고,
부러진 부리로
절망을 쪼아 갈아엎어
빛의 씨앗을 뿌리면서
어둠의 장막을 찢는다.

처음에는
어둠 속에 빛이 움트고
다시 빛 속에 어둠이 함몰되면서
빛의 층계로 이어져,

마침내
하얀 새는
소리층계의 균형을 유지하고
하늘로 서서히 비상을 시작한다
빛의 층계를 따라
빛 방울, 방울방울 날리면서.

돌 하나

태초에 돌맹이 하나,
하늘로부터 나타나
침묵의 관성으로
아래로 굴러 내리며,

나무들과 들풀들을 꺾고
다시 문화들을 짓밟는다,

또 다른 돌들과 한 패를 이루며
산을 뚫어 길을 내고
물속으로 들어가 호수를 만들어
하늘을 심는다.

원점

붐비는 교차로
바람이 직진 신호등을 잘못 보고
사람을 치고 건물을 부순다.

동서로 찢고
남북으로 가르면서
바람은 잠시 멈칫한 후,

우회전을 시도하여도
좌회전으로 미끄러지고
다시
좌회전을 마음먹지만
우회전으로 꺾이면서,

계속
직진을 거부하는
자세로 빙그르 맴돌며
다시 돌아온 원점.

병원

나를 외면하고
너를 마중하는,

괴로운 표정이 방마다 걸리고
새빨간 의식이
너울너울 춤추듯 왕래하는
공포를 주사注射하고,

싸늘한 미소의 언저리
존재를 절단하며
회생을 투약하는 창구.

상처의 모래알들이 뒹굴며
변신하는 곤충처럼
항시 나를 외면하고
너를 마중하는
밀림지대.

거래의 '메스'가 번쩍이는
수술대 위,
환자의 아픔이 꿈틀거리는

도매시장,

그리고
상냥한 점원의 손길이
독점하는 '데파트먼트 스토아'.

오늘도
나를 외면하고
너를 마중한다.

단애斷崖

햇살이 빗나가 구겨진 마음이
살며시 국경을 헐고
가 닿는 극지인가,

굴절은 마찰로 빈번히 발열하여
시체가 누적되고
하늘과 별들의 대화에도
싸늘하게 가 닿는 벽,

이제 바람이 가시우고 난
항아리의 침묵인양
투명한 공간으로 응결된 색소가 스미고
앙상한 가지에 짓눌린 중압이
가 닿는 모서리
저마다 예각을 형성하는데,

거미는 검은 실 뱉어
지옥은 검은 불타고
다시 안으로 해일을 뿜어
밖으로 터진 흉터,

갈갈이 찢긴 상처마다
혈점血店이 얽히고
회색 눈동자엔
피 웃음, 피 눈물 뿌린다.

이제 너와 맞선 체구는
절망의 여운으로 침전되어
차라리 암흑이

광체가 있기 전
혼돈으로 천년을
묵묵히 인내할 수 있었다,

햇살이 빗나가 구겨진 마음이
살며시 국경을 헐고
가 닿는 극지인가.

가을

곱디고운 나래의 색상과
천년을 영글어 온
크낙한 원형의 빠알간 입술,

그 사이로
파아랗게 떨어지듯
하늘이 익는다,

잔잔한 호숫가
철새의 비상이
하늘에 충만하면
조용히 시작을 돌아본다.

촘촘히 쌓이는 모래알
머리에 이고
울어대는 소라의 신음,

거센 해일에 침전되어
수많은 섬으로 잉태하고—,

곱디고운 나래의 색상과
천년을 영글어 온
크낙한 원형의 빠알간 입술,

그 사이로
파아랗게 떨어지 듯
하늘이 익는다.

이제
지는 꽃잎 여운에
노여움 깨문 눈망울처럼
번지는 노을,
숱한 신비를 간직한 채
둥근 하늘이
파아랗게 익어내린다.

오솔길 외 9편

위맹량

위맹량 시헌(是軒)
전남 장흥 출생
고려대학교 졸업
월간 『한국시』 신인상
계간 『문학미디어』 수필 등단
농촌진흥청 · UNKSOL 근무
윌리 트레이딩 상사 대표
한국문인협회 · 한국현대시인협회 회원
마포문인협회 부회장 역임 · 세계시문학회 이사

저 서 『오솔길(시와 수필)』 · 『먼훗날(시)』 · 『회성세고(懷城世稿, 공저)』 · 『내 누님 시집가던 날(영한대역시집)』 · 『시간은 민들레 홀씨처럼(영한대역시집)』

작사(가곡) 〈천관산 바라보며(김경양 작곡)〉 · 〈강강술래(윤대근 작곡)〉

E-mail agentewilly@hotmail.com

오솔길

인적이 드문
두메산골 오솔길

오르고 내리며
풀숲에 가리우고
다시 돌아
바위 뒤로 사라지네

뱀처럼 긴 길은
이어질 듯 끊기며
끊어질 듯 이어지네

옛날
그 어느 옛날에
어떤 님의 첫 걸음이
이 길을 만들었나
그리움의 길

오늘은 내가 가고
내일은 또 어떤 이가
무심히 지나가리니

추억 어린 길

천년이 가고
만년이 지나도
두고 간 뭇 사람의 정을
그리움과 아쉬움으로
겹겹이 쌓아두리니

두메산골 오솔길
영원한
생명의 길이여

내 누님 시집가던 날

그때가 언제였나
내 누님 시집가던 날

정신대 끌려갈까
서둘러 어린 딸을
시집보낸 우리 아버지

안쓰럽고 서러워
잘 가라 차마 말 못하고
눈물로 치마자락 적시우던 어머니

그때가 언제였나
가을도 저물어 서글펐던 날

어린 아씨 잘 살라고
벼 이삭 고개 숙여 기도하고

이별이 너무 서러워
뒷동산 상수리나무
알알을 떨구었다오

그리움

그리움이 깊어 오면
방황이 나래를 편다

방향도 모든 채
내 마음 가누지 못하고

한 송이 구름이 되어
바람타고 허공을 떠돈다

전관예우

법전을 달달 외우더니
남들이 넘지 못한
관문을 넘어 법복을 입었지

남 다른 기억력과
정신을 집중했을 뿐인데
천재라고 모두가 부러워했지

하지만
법복 안자락 깊숙이 젖인
오염된 악취를 털지 못하고

브로커의 유혹에 매료되어
법 앞에 평등한 민초들의
권리를 외면하고

관행인양 예우를 앞세워
배부름만 채우다가
기요탱*의 역사를 잊었던가

범법자의 형량까지 껴안은

천하의 어리석음이여

• 기요탱(Guillotine): 단두대(사형틀)를 만든 프랑스 사람으로 훗날 그도 역시 단두대에 처형당한 사람이다.

흥정

우리생활 속에는 항상
흥정이라는 꽃이 핀다

개인과 개인은 물론
민족과 민족 간에
국가와 국가 사이에서
그칠 줄 모르는 크고 작은 흥정

공존과 상생의 흥정은
화려하고 향기 짙은
꽃을 피우지만

갑질이 낳은 흥정의 꽃은
향기 없는 매 마른 꽃을
피울 뿐이다

먼 훗날

먼 훗날
당신이 찾으신다면

나는 대답 할래요

타향살이 모진 서러움
이제 그만 접어두고
내 고향 찾아 왔노라고

그래도 당신
궁금해 하신다면

나는 대답 할래요

어머니 날 낳으시고
탯줄 묻어 놓은 곳

천관산• 치마폭에 안겨
잠들어 있노라고

• 천관산: 시인의 고향에 있는 산으로 호남 5대 명산 중 하나

우연히 듣다

할머니 할머니
기억이 잘 안나

기억이 안 나면
그만 두어라
청문회 하는 줄 아니

할머니 할머니
청문회가 뭔데

몰라도 된다
크거들랑 알게 되지

갓 피어난 꽃부리
찬 서리 덮힐라

할머니와
어린손녀가
주고받은 대화

동네 골목길에
우연히 들은 얘기

돌아서서
생각하니
내가 도청이라도 했나

증인으로
부름을 당하면 어쩌나
기억이 없다고 할까

시간은 민들레 홀씨처럼

시간은
민들레 홀씨처럼
날아간다

천상의 바람 타고
정처 없이 흘러간다

나도 함께 홀씨 되어
날아감을 어찌하랴

민들레의 홀씨는
바람이 그칠 때
흙 속에 묻혀
오는 봄을 꿈꾸지만

나의 홀씨는
바람이 멎는 날
흙 속에 묻혀
오는 봄을 아쉬워할 뿐이다

8월이 오면

8월이 오면
타임머신을 타고 고향에 돌아간다

우리 마을 동각 앞마당에 모여
징과 꽹과리 우렁찬 농악소리
모두가 흥겨워 춤을 춘다

벌거숭이 일곱 살 소년도
아리랑 춤을 춘다

아버지는 오늘이
해방된 날이라고 했다

무더운 하늘아래
모두다 한마음 되어
노래하고 춤추는데
놀라운 고함소리 하나
농악을 멈추라고 한다

한 순간 적막이 흐르고. . .

그는 외쳤다
“여러분 나는 벙어리가 아닙니다”

목 메인소리
눈에는 한 맺힌 눈물이 강물처럼 흐른다

언제부터인가
우리 동네에 들어와 걸인 행세를 하며
살아왔던 벙어리 아저씨

일제의 강제징용에 끌려가기 싫어
못 들은 척 귀를 막고 벙어리로 살아온 것이다

오늘이 있기까지 온갖 괄시와
천대를 받으며 허기와 절망 속에
귀와 입을 봉해버린 세월들

일제의 잔혹한 식민정책
강제로 창씨개명하고
우리 말 우리글을 사용할 수 없었던 암흑의 시대

이것이
일곱 살 소년의 생생한 기억
8.15 해방!

이 생명이 다 할 때까지 결코 지울 수 없는
영원한 우리 역사의 파노라마

달맞이 꽃

강렬한 태양은 싫어
수줍은 듯 고개 숙이고

애정 어린 달빛
유혹에 빠져
달밤에 피는 꽃

풀벌레 소리마저
숨죽이고
사방천지 고요 속에
잠 들었는데

감미로운 달빛사랑
살포시 네 꽃잎에
입 맞출 때

시샘 많은 별들
다투어 반짝이고

질세라
흐르는 시냇물

잔물결에 빛을 토하며
재잘 거린다

바다를 내놓은 고등어 외 9편

이창수

전남 담양 출생
『月刊 조선문학』·『윌더니스』 하이쿠 시 등단
국제Pen한국본부 이사
한국현대시인협회 이사
한국문인협회 회원
세계시문학회 이사
서울 동대문문인협회 명예회장
『윌더니스』 편집장 역임
영어강사 역임
한민족 효사랑 글짓기 공모전 심사위원장 역임

수 상 중앙대학교 예술대학원장
중앙대학교 총장 공로상
매월당 문학상 본상 수상
저 서 『겨울 섬』·『바람벽에 기대다』 외 다수
E-mail saltis46@hanmail.net

바다를 내놓은 고등어

모처럼 아내를 따라 시장에 갔다
바다를 버린 고등어는 지독한 고독과 처절한 고통
차음遮音• 속에 청맹과니처럼 멍하니 바다의
뼈를 물고 있다

고등어는 바다를 내놓고 여느 집 화롯불에 고염이
녹아 불꽃을 튀기며 적쇳가락의 열반식에
침묵의 소리를 잡아 찢어 바람에 묻고 고등어의
영혼이 빠져나가는 순간
나는 바다를 먹고 바다는 울음을 시원하게 울지 못
  하고
꿀꺽꿀꺽
참으면서 느끼어 울었다

물결 없는 대지의 바다는 바람소리 소란스러워
귀를 막고 입 다물고 눈 감으며 하늘을
올려다 보았다

• 차음(遮音): 소리의 전달을 막음

어느 봄날에 물들다

생명들이 역동성의 힘을 토해내며 들판에
아지랑이가 피어오르고 수양버들
길게 늘어진 가지에 봄은 하늘거리며
그네를 타고 수줍은 새색시 젖가슴에 꽃으로
피어나는가!

바람이 잦아든 하늘에 구름은 부조浮彫를
새기고 이야기꾼 새들의 구성진 노래 소리가 목청껏
봄을 흔들어 대고 있다

산등성마루에 햇살이 빗질하듯 내리고 봄의
기침소리에 땅과 하늘이 들썩거린다
바람의 속삭거리는 소리에 봄새 꽃이 지는 줄도
모르고—
내가 저물고 있는 것도 미처 몰랐다

봄은 자기 자신이 봄인 줄도 모르고 꽃이 되었다

초화草花

하늘을 보기가 부끄러워 고개를 들지
못하고
항상 낮은 자세로 살아가는 풀의 너그럽고 차분한
성품이 세상을 열어가는 단초가 되었네

여리고 가냘프지만 모진 풍파에 꺾일 줄 모르고
저항하는 굳은 의지와 절개는 순결을
지키려는 연약한 손짓이며 생존을 위한
몸부림이었네

그대 교만한 적 없고 악덕을 저지른 적 없는
겸손과 미덕을 갖춘 어질고 순한 작은
풀꽃이었네
온갖 고초를 다 겪으면서 세파에 시달려도

그 누굴 미워하거나 원망하거나 다투어본 적
있었던가?

꽃을 피우기 위해서 곤경과 시련을 그대로
참고 견뎌내며 아픔도 서리어 있으련만
거칠고 험한 세상에 향기로 감화하려는 내숫는

몸짓이었네

날지 않는 새

날지 않는 새는 잠들지 않는다
숲이 거친 밤의 어둠속으로 가라앉을 때까지
이름 없는 별을 쫓아 자기만의 한 섬이
된다
그 섬에는 자유의 날개가 있고 꿈을 펄럭이는
깃발이 있다
언제나 네가 있는 곳에는 나는 없고
내가 있는 곳에는 너는 없다
상사불견想思不見• 처럼 멜랑콜리에 시달리고
노스탤지어에 시름하는 무명의 섬엔
별이 집을 짓고 밤새도록 달빛에 자신을
가둔다.
격랑의 섬은 미문未聞의 가면무도회가 열리고
수평선 저 멀리서 섬의 커다란 귀를 본다.

• 상사불견(想思不見): 남녀가 서로 그리워하면서 만나지 못함

기다림을 먹다

바람이 손님처럼 여닫는 문설주에 돌쩌귀가
삐걱거리고 허술한 사립문이 반쯤 술에
취해 비틀거리고 있다
오래된 기다림 속에 세월이 멈춰버린 듯 빛바랜
빈집 툇마루에 거미가 쳐놓은 그물에
바람이 나가고 보풀 같은 시간이 마른기침을
한다
온갖 풍상에 허물어진 푸석한 돌담은 지난날
숨결 속에 추억 한줌 누워 있다
잔향殘鄕•의 하늘엔 별빛이 모여들고
구름구두를 신고 먼 길을 달려온 그리움이
새벽을 밀어낸다
눈雪이 길을 지우고 두절된 혼魂집은 누굴 바라다
보며 길옆 너럭바위 궁둥이에 걸터앉다

• 잔향(殘鄕): 황폐하고 보잘 것 없는 시골

붉은 기차

우리가 살면서 계속 달려서 어디로 가는가?

그렇게 달리다 보면 끝이 보이질 않는데
정작 내가 머무를 곳은 어디이며
쉴 곳은 어디이고 정점에 이르는 곳은
어디쯤인가!

세월은 낯선 객처럼 無心히 찾아들고
눈먼 바람 속에 고독한 기찻길이 뻗어있는 고도로 간
기차는 종착역이 없다
혹시 내가 기차가 아닌가!

끝없이 펼쳐진 광야를 헤매는 기차가
지척불변咫尺不辨• 의 기로에 서서
자기 모습의 그림자를 그리며 저 높은 고원을
향해 막막히 내달리고 있다

• 지척불변(咫尺不辨): 매우 어두워서 코앞도 분별할 수 없음

흐린 날의 어느 오후

곱게 남치맛 빛 같은 하늘빛이 유연히
떠오르는 검은 구름이 가린다
변화하는 현상 속에 격동을 한다
채울 수없는 욕망과 개숫물처럼 혼탁한 피상적인
견해에 암운이 감돌고 찌푸린 거리의 하얀
먼지가 피를 빨아들이고 있다
무쇠보다 무거운 발걸음을 끌고 표랑漂浪하는
물결처럼 마음의 갈피를 못 잡고 바람은
풋대 끝에 불고
까마귀들은 공중을 배회하며 하늘을 쪼고
어슷거리는 밤은 도독처럼 찾아 들다
현실 공감의 자아 상실은 목적과 관념을 떠나서
의식을 자각하지 못한 공리 현상이다
어둠은 내면에 품고 있는 무한성 때문에 꿈을 꾼다.

얼빠진 누렁이는 이지러진 달을 보고 짖다

눈길視線

눈으로는 어떤 것이라도 말할 수 있지만 그러면서도 언제라도 부정할 수 있다는 이중성에 그 눈빛을 고스란히 그대로 재현할 수없는 존재의 불확실성을 보여주는 실체의 현상에 지나지 않는다 그 실체는 실유의 것이 아니므로 마음은 언제라도 변할 수 있는 생물이 아닌가! 눈길이 머무르는 곳엔 의지의 기억 이지에 기억에 회상되는 것, 시선이 사람의 마음을 사로잡는 강렬한 눈빛을 가졌지만 마음을 꿰뚫어 볼 수는 없다 찰나의 순간에 사물을 포착하거나 예리한 판단과 날카로운 예지가 눈이 눈을 속이고 마음까지 속일 때도 있다 눈길 속에 피할 수없는 시각視角에 바람이 일고 영업용 미소를 띄운다. 깊이를 헤아릴 수없는 눈 어떤 형체도 눈이 보이는 것을 마음이 전달하지 못한다

길은 멀리 있다

길이 있는 곳에 어둠도
있고 희망도 있다
갖은 생각 자아내니 물의 흐름 기다림
그 구비□碑에 길이 서려있다

오물거리는 세월에 물들은
빛바랜 날들—
나는 왜 그토록 길을 붙잡고 놓아주지
안했을까?

내가 가야할 길은 늘 저만치서
손에 잡힐 듯이 잡히지 않고 멀러져 갔다
길은 자신을 들어내지 않고 결코 끝을
보여주지 않는다

길은 베일에 가려져 미로 속의
극지에 이르는 보류다
길은 스스로 만들어가는 것 침묵을 밟고
어둠속을 걸었다

모든 길은 우주로 통하고 운명을
개척하는 내안의 길은 항상 새로운 길이다
그 길을 걸을 때마다
저 산마루의 허공을 응시한다

밤의 혀

잇따라 여러 번 자지러지는 기침소리가
가슴을 쥐어짜듯 북 날의 씨실 틈으로 간헐적으로
부서진다.
그렇게 경을 치고 나면 거시기로 연결된
고무호수는 벼랑으로 뜨겁게 솟구쳐
제 속을 게워내는지 페트병엔 꽃물이 가득하다

링거 팩에서 시나브로 떨어지는 수액은 혈관
속으로 유입되어 결정체를 이루고 머물지 않는
피의 순환 열차는 바쁘게 돌아가는 시간과
고장 난 시계가 공존하면서 상황 속에 생명의 숨통을
쥔다.

잠은 고통의 진통제
잠은 의식을 훔쳐간 사자使者
잠은 망각의 하수인
잠은 죽음의 오르가슴
잠은 자고自顧의 도피
잠은 상징의 화려한 의상

소우주엔 눈물이 고였다가 섬이 되고 수만 개
밤의 혀는 상처를 핥는다
병이란 그 역逆에 의해서 치유되듯이 운명은
자신과 거래를 하는 도구다

(아산병원 133동 36호)

아가雅歌 외 9편

임성숙

충남 공주 출생
국립 공주사범대학교 국문과 졸업
중등학교 교사 역임
『현대문학』(1967)으로 등단
국제Pen한국본부 · 한국문인협회 · 한국시인협회 ·
청미동인 회원

수 상 현대문학상
현대시학 작품상
조연현 문학상
조국 문학상
성호 문학상
저 서 『여자』 외 14권 · 시선집 『하늘을 보기까지』 외 2권
산문집 『깨어진 꿈도 아름다워라』
E-mail solbyul@hanmail.net

아가雅歌

확! 부싯돌을 긋자
망설임 없이
불붙는 그 순간 우리는
나를 확인하자
너를 확인하자

볕드는 날이 있고 또 있다한들
우리의 날이 몇 날 이리
마음껏 볕을 쪼이자

비오는 날 눈 오는 날이 또 몇 날 이리
두려움 없이 비도 눈도 맞자

햇볕 속에선 우리 아지랑이로 만나고
빗속에선 우리 빗방울로 만나고
눈보라 속에선 우리 눈꽃으로 만나
서로의 잠을 흔들어 깨우고
초롱초롱 샛별 튀는 눈으로
너를 확인하자
나를 확인하자

낙화

꽃샘은
쌩쌩 달리고 있었다

나는 다이얼을 돌린다

통화중

꽃샘은 여전히 달리고
나는 연신 다이얼을 돌린다

통화중. . .

부재중

그 사이 바람은 잠들고
막幕은 이미 내려졌다

내일의 무대를 서두르는
막 내린 무대 위에

하르르 하르르 꽃잎이
화사하게 흩날리고 있었다

넉넉히 한 세기면

잠시 순간이면 먹구름도 걷힐 것을
한나절이면 비도 멎고
지그시 한철이면 장마는 물러 갈 것을

봄, 먼 산마루 눈도 녹아 내렸듯이
때가 오면 절벽이 무너지고
사슬도 매듭도 풀릴 것을

넉넉히 넉넉히 한 세기世紀면
우리의 일들은 끝나는 것을

그러나 어찌 하리 지금 이 순간
나의 몫
나는 눈물 흘리며 아파야 하고
땀 흘려 일해야 하고
피 흘리며 이겨야 하고
살 태워 사랑해야 하리니.

슬픈 일

갑자기 어둠 속에 들어서면 눈이 먼다
눈 먼 채 한참 견디노라면
어둠에 눈이 익어 사물을 알아보게 된다

그처럼 우리는
못 견디는 소음에도 귀가 익고
숨 막히는 공해에도 코가 익어
우리들의 오관은
웬만큼 더러움에도 역겨움에도
차츰 길들어간다
다행한 일이면서 한편 슬픈 일이다

우리들의 영혼 또한
나태와 허영과 불의의 손발들과
차츰 타협해간다
참 슬픈 일이다

캄캄한 어둠에서
갑자기 강한 햇빛 아래 나오면
역시 눈이 먼다
너무 오래 어둠에 눈이 익으면

좀처럼 눈을 뜨지 못한다

어둠 속에 뜨는 눈보다
빛 속에 머는 눈은
정말 슬픈 일이다

사랑을 위하여

그가 나의 창문이 되어서는 안 된다
그가 나의 거울이 되어서도 안 된다
더욱 그림자가 되어서는 안 된다

그도 내가 그의 빛이 되기를 갈망해선 안 된다
물이 되기를, 더더욱 흙이 되기를
소원해선 안 된다

피차 서로의 창문에서 거울에서
제 그림자를 드리우고
얽히고 먹히어
포로로 감금하지도 당하지도 말아야한다

그는 그대로 나는 나대로
하늘에서 새처럼
바다에서 물고기처럼
자유로워야한다

그러면서 섭섭하지 않기로 한다
자유를 갈망하듯 사랑해야 한다.

여자 · 54
-신비의 잔

너 위대한 모순이여

저주받은 산고産苦의 곤욕을
축복으로 들어올리는
거룩한 제기祭器여

너 아름다운 모반謀反이여

사막에 장미를 피워내는
기적의 흙이여

하늘 아래 엎드린 땅이여

쓴 잔을 비워내고
젖이 샘솟는 신비의 잔盞이여

병상에서 1

병든 몸을 병상에 눕히면
이름은 환자
삐걱대는 철 침대 하나
낡은 환의 한 벌
평등 하구나

그의 화려한 경력, 학력, 재력이
병력 앞에 무력 하구나

퇴원하는 날
환의를 벗듯

흉터투성이의 육신을 벗는 날
병력마저도 허망 하구나

평생 용광로에 연단된
영혼의 후광만이
달무리처럼 하늘에 떠 있을까.

절망의 양식

어둠에 내가 먹히듯
너에게 실망하는
나에게 절망한다

밥 먹듯 물마시듯
되풀이한 절망이다

어둠을 먹고사는 올빼미마냥
밤마다 어둠에서 퍼덕이는 날갯짓

그것은 어느 날
내가 부활하기 위한
막다른 절망의 절정
흔적 없이 산화하는 연습이다
나의 꿈이다

오늘도 절망의 양식을
씹고 또 씹는다.

이별 끝자리

눈물이 퇴적한 이별 끝자리

기약된 나와의 마지막 작별

이슬눈물로 세수하고

꽃단장 고운 미소 지으리

영원한 나와의 만남을 위해

다시는 슬픔 없는 이별

존엄한 고별향연 맞으리

차茶 한잔

가슴속 얼음 심지
적막의 고드름 녹여
따끈한 차茶 한잔
나누고 싶을 때

나는 떨리는 가슴
정성스런 손길로
사랑하는 이에겐 듯
나에게 차茶 한잔
대접한다.

그윽한 다향茶香으로
나를 하늘에
제사 드린다.